MURMELGEMURMEL

Christine Geiger, geboren am 19. März 1966,
entführt nach
KLIMPERKLAR und LETTERLAMETTA
in ihrem dritten Lyrikband den Leser
erneut in ihre ganz eigene, schillernde Gefühls- und
Gedankenwelt.
Ein Pforzheimer Goldstadt(glücks)kind ist sie, eines,
dessen Leidenschaft das Schreiben ist.
Und wie es sich so gehört für eine Fischefrau,
schwimmt sie immer
w i e d e r oder immer n o c h gegen den Strom.
Bisweilen jedoch lässt sie sich auch einfach im wogen-
den Lebensmeer
treiben ...

MURMELGEMURMEL

Christine Geiger

Schillernde
Gefühls- und Gedankenwelt

Bibliografische Information der Deutschen Nationalbibliothek: Die Deutsche Nationalbibliothek verzeichnet diese Publikation in der Deutschen Nationalbibliografie; detaillierte bibliografische Daten sind im Internet über http://dnb.dnb.de abrufbar.

© 2019 Christine Geiger
Covergestaltung und Satz: Claudia Konrad, Pforzheim
Lektorat: Angela Hochwimmer, München
Herstellung und Verlag:
BoD – Books on Demand, Norderstedt

ISBN 978-3-7494-4803-6

INHALTSVERZEICHNIS

MURMELGEMURMEL

hinter Glas
liegt all das
was ich fühle so klar
in Schillermurmeln
Kullern turmeln
durch runde Kugeln
lugen Farbstreifen
reifen tief
in mir drin
die Träume meiner Kindheit
zu glasklaren Wahrheiten
alle Besonderheiten
klackern in bunten Leibern
sanft aneinander
ich bin stets
die kleinen Lüftchen
dazwischen
Gedanken mischen
Sinne wischen
hinter meiner Stirn
durch mein Gehirn
in den Zwischenräumen
vermag ich hellbunt zu träumen
ganz sonnendurchflutet
Herz tapfergeblutet
bin ich in mir
so selig lichtgebrochen
von dir

und murmelnde Murmeln
murmeln mir hier
in ihrer feinen Güte
durchs gläsern' Gemüte

NAMENAMEN

ich wusste nie
wie sehr ich meinen Namen liebe
bis du ihn sagtest
ich wusste nie
wie sehr ich seinen Klang vermisste
bis du mich fragtest
nach meinem Namen

bis du ihn
wiederholend
wohltuend
warm lohend
sagtest

so vieles
habe ich nicht gewusst
doch unbewusst
hab ich es wohl
doch gewusst

habe ganz einfach nur
warten gemusst
warten darauf
dass im Lauf
meines Lebens
jetzt einer kam
der mich rief
und nahm

selbstredend
sicher und tief
der mich nahm
mit jedem Sinn
so wie ich bin
bei meinem Namen
Amen

DANN BIN ICH HALT …

eine Gehsteigrandblume
die sich ihren Weg bahnt
sich widersinnig verzahnt
da wo kein Auskommen zu sein scheint

dann bin ich halt so ein unnütz' Unkraut
widerborstig anstrengend und laut
hab mich da aufgebaut
wo vielleicht
keiner mich will

wieg mich trotzig stur und still
bieg mich kantwegig stetig
jedweder Unbill

bin gar nicht so abwegig
wenngleich fern jener selig' Wiesen
meine Samenstengelblätterblüten sprießen

Autoreifen schießen
Kieselchen auf mich
brausen mit regem Regenpfützenrauschen
über mich dahin

ich reck streck
schüttel mich
und blühe streitstrittig mittig
warmgelb umkränzt

von Unschulds weißem Schleier

irgendwie fühl ich mich
trotz Gehwegsexil
so viel freier
als all die andern
in ihrer eintönigen
Wiesenleier

UNTERWEGS

ich leg's
in meine Schritte
jeder dritte
meiner Schritte
berührt einen Pflasterstein
mein Weg ist kurz
und lang
mir ist es schnurz
ich sang
schon als kleines Mädchen
zwischen die Rädchen
der Uhr

ging meine Spur
über jedes Pflaster
im Regen
war's mir wie Alabaster
über Steine
Rillen aussparend
Kindheitsträume sicher bewahrend
hüpf ich heut auf meinem Weg
bis runter zum Kai
am Steg
reg ich mich
dort seh ich dich stehen
im Aufdichzugehen
wirst du's verstehen

dass mein Kindheitstraum
mit dir den Saum
unsrer Herzen
streift

IN MIR

blaue Sterne wippen
kippen im Wasser
wiegen sich hin
biegen sich her
wenn ich eine dieser Blüten wär
würde das ganze Meer wogen
im Windhauch
hin und her
im Wellensäuseln
im Blausternkräuseln
wenn ich doch nur eines dieser Sternchen wär
wisperte ich dir immer noch mehr
vom zarten Reigenneigen
vom ineinander sich Verzweigen
vom lautleisen Schweigen
vom zarten Lieder geigen
vom versteckt blütenbedeckt
gebogen' Wogen
würd ich dir zeigen
noch so viel mehr
vom unendlich'
Blumenmeer in mir

NEHMENGEBEN

war sie im Leben
so hart im Nehmen
so weich im Geben

alles einstecken
ohne zu verrecken
das lernte sie früh

und verlor doch
wundersamerweise nie
ihre Weichheit im Geben

es war trotz allem
immerzu
nur ihr Bestreben
and'ren Glück zu bringen
Dämonen niederzuringen
und zu leben
im weichmilden Geben

sie war so zart
und doch so hart
zu sich selbst
im Einkassieren

ohne jemals den Mut
den Glauben zu verlieren
fürs Leben
fürs Lieben
fürs Gute

wie etwas das außen hart
und innen weich ist
war ihr zumute

und egal wie es auch kam
sie glaubte ans Gute
gab weich ihr Lächeln
gab sanft ihre Liebe
stemmte sich kraftvoll
gegen jeden Schicksalshieb

luchste dem Glücksdieb
seine Beute ab
wurde nie müde
und machte nicht schlapp
in der Verwirklichung ihrer Träume
jätete sie Unkraut
riss bittere Bäume aus
sie machte sich nichts aus
der Härte des Lebens
das Schicksal versuchte vergebens
sie zu brechen
denn sie war im Nehmen so hart
im Geben so weich ...

KREISVERKEHR

sie fährt im Kreisverkehr
immer nur stumm rundrum
sie weiß schon
weiß schon
auch ohne Navigation
weiß sie schon
dass sie die
erste
zweite
dritte
Spur nehmen sollte
im Kreisverkehr
sie weiß nur nicht mehr
welche
vor lauter Rundrumfahren
vor lauter Bremsensparen
vor lauter Dauerschrittgeschwindigkeit
ist sie alles so sonderbar leid
wird's ihr so schwindlig nur
sie weiß wohl
sie sollte voll
auf die Bremse treten
ihre Finger kneten
das Lenkrad grad
es ist so schad'
ihr Herz sitzt hinter Stacheldraht
sie fährt nur dumm
immer nur stumm

im Kreis herum
eine Abzweigung
kommt ihrer Abneigung
zupass
das Leben
wie's eben ist
macht ihr schon lang keinen Spaß
keine Freude mehr
und sie wünscht sich so sehr
eine Abzweigung
gleich die erste
gegen die Abneigung
gegen ihn
gleich die erste
ist sie auch die allerschwerste
wird sie sich endlich
bequemen sie zu nehmen
und auszureißen
Reifen kreisen
Schilder weisen ...
ins Neue

KINDSKÖPFE

Amors Geschöpfe
zusammen zählten
die Jahresringe ihrer Bäume
knapp über hundert

und dennoch
waren weder er noch
sie verwundert
über beider Träume

die ragten so
hoch in ihre Wipfel
bis zum letzten Zipfel
ergriff sie das Leben

ein unbändiges Beben
erschütterte ihre Stämme
und in einer einzigen Schwemme
verteilte sich neue Liebeskraft
mit fruchtbarem Lebenssaft

bis in die allerletzten Knospen
bis in die zartesten Rinden ihrer wippenden Äste
waren sie Gäste

Kindsköpfe

Amors Geschöpfe

ZUM ABSCHIED

sah er sie dann an
und sagte zu ihr
dass es gar keiner sei

denn
so meinte er
es sei
ganz und gar einerlei
wo in Zukunft sie beide
sich befänden

an Sandstränden
oder in Wüstwüsten
oberhalb ferner Klippenküsten
oder herbstfrischen Waldverbänden

an sehnsuchtskalten Händen
fasste er sie fest
es gab ihr den Rest
wie er sie dabei anschaute
nahferne Blicke
fremdvertraute

er nahm sie danach dann
mit zu ihrem Stern
und hinter seinen Mond
in and're Galaxien
vermochten sie zu fliehen

in fernen Sphären
galt es sich zu ernähren
aus Erinnerungskammern

es sei einerlei
meinte er
und weiter
sie beidenzwei
kannten sich doch schon
seit verwunderten
zig Jahrhunderten

so dass sie allweil
immer nur flögen
mit weitaufgespannten Seelenbögen
schon so unendlich lang
über allen Weltmeeren

begleitet von Himmelschören
und traulich' Seidensamtgesang

NOCH WOLKENVERHANGEN

sind wir im grell lichten Morgentreiben
gefangen

überall dieses Wuseln
ein blinkhupendes Schusseln
und ich mittendrin

frag mich mitunter
nach dem Grund
und auch dem Sinn

und denk dann
ich bin
eine kleine Glanzmattperle im Licht
im Kettengedicht aller Menschen
und Morgengestalten

wie wir unseren Tag verwalten
zielstrebig
oder wenig wähnend
in hohle Hand gähnend
verhalten
wolkenverhangen
schaut der Frühhimmel uns zu
ich wimmel im Nu
mich unter jene Leutemeute
bin Alltags Himmelserden Beute

MORGENSORGEN

warmrote Säulen
vor grauen Himmeln
Handschuh wimmeln
und Mützen kalte Köpfe schützen
an Bushaltestellen
toben Menschenwellen

Einstiegsschwellen
in schnellem Stolpern
holpern Stiefel und Schuh
auf leere Sitzplätze zu

manche putzen ihre feuchten Laufenasen
volle Kaffeeblasen
drücken auch im Sitzen

Haare schwitzen
mittlerweile
unter Mützen

Stehende stützen sich
an langen Stangen vom Bus
viele plaudern
manchen Stuss

und ich muss
diese Zeilen schreiben
was soll mir auch and'res übrigbleiben

bei meinem gewollten Zwang
bei meinem überaus großen Hang
zum geschriebenen Wort
im Bus
zu Haus
an jedwedem Ort

BEFUND NEGATIV

ein Herz
zum Frühstück
auf deinen schnuckeligen Schmolllippen
will liebestoll
ein wenig Milch verkippen
Toast knistert
Frischkäse zum Dippen
Marmelade
ein runder Klecks gerade
auf frischen Schrippen

der Kaffee flüstert
ich reck meine Rippen
einen Krümel
wegzuküssen
von deinem Mund

der Befund
heute Morgen ist negativ
alles ist richtig
nichts läuft schief
wir sind so von Grund auf positiv

HINTERWINTER

hätt mich der Winter ...
nicht gepackt
mit Eiszapfen gläsern gezackt
läg' ich jetzt im grünen Gras
und summte mir was
brummte ohn' Unterlass
vor meiner neugierig' Nas'
eine Biene
schiene mir das Leben
nicht so vergoren
steif gelacht
eingemacht
eingefroren
in schneelastig' Himmel

schielte zumindest
schon mal eine Primel
zu mir herüber
überkäme mich
ein Frühlingsglaube

Weißwinter
raube mir nicht den Glauben
an baldiges Erwachen
manch mannigfaltig Sachen
gedenk ich zu machen
wenn in mir drin
erst über Nacht

neuer Lebenssinn
erwacht

und um mich rum
es wieder laut
nicht stumm
es wieder wärmer wird sein

LINSENBINSEN

mein Teich ist voller Wasserlinsen
zwischen all dem Schilf
den Binsen
schwimmen tellerförmig Wasserlinsen

grün und frisch
komm mein Schatz
und fisch sie dir

sie schwimmen hier
so rum
und dümpeln dir
einig entgegen

koch dir draus eine Suppe
meine ganze Linsenbinsenweisheitstruppe
plätschert hellgrün hier im Tümpel
glaub mir
ich bin lang nicht so simpel
wie ich hier anscheinend dümpel

meine Linsen blinzeln verschmitzt
deine wachen Augen winseln geschlitzt
bereits nach meinem Grün
wenn dann endlich
deine Fächerfinger zieh'n
über meines Wassers Oberfläche

ich verspreche dir
in meinem hellen Grün
wird dir was blüh'n

DAHINTER

blickdichte Gardinen
hängen vergilbt
an losen Schiebeschienen
Fensterrahmen lahmen
vor alterszahmen Vorhängen
Neugierrotnasen drängen
sich an ewig ungeputzten Fenstern
gleich eingesperrten Unmutsgespenstern
wandern zwei matte Augen
dahinter umher
vielleicht packt er
noch einen Winter
bringt ihn hier hinter sich
sicherlich noch einen
bezwingt er mehr oder minder
bedeckt versteckt
von blickdichten Gardinen
sie sind des Nachts von
gelben Straßenlaternen
notdürftig beschienen
blickdichte Nachtschicht
wenn kein Lichtblick bricht

und kein Durchblick
sich anbietet nach dem Dahinter
wenn auch das Davor
kein Auge hat
kein Ohr

bar jeden Sinns
und Verstands

in seines Niemandlands Küche
stehen abgestandene Gerüche
von übergequollenen randvollen
Aschenbechern
von halb verzweifeltem Hoffen
gären offen Raviolidosen
hängen nackte ungesäumte Hosen
an Stuhllehnen
sehnen sich vergessene Sukkulenten
nach gnädigen gießenden Händen
warten leere Bierflaschen
in speckigen Mehrwegtaschen
auf einen Gang zum Supermarkt

sie träumen braunglasig
von pfandspendenden Flaschenautomaten
womöglich noch ein
Kaltgrauwinter könnte ihm hier
halbwegs geraten
steht er parat grade noch durch
in dieser ausgetretenen Furch
hinter den Scheiben

standhaft stehen bleiben
Zeit totschlagen vertreiben
dahinter
ganz lampenschirmlos

baumelt ihm bloß
eine 40 Watt Glühbirn'
matt in seinem Gehirn
herrscht bald wieder Stille
wimmert sein ertrunkener Wille
nach mehr Promille

TREPPENHAUSGRAUS

Ich verrecke hier
gleich hier vor deiner Tür
frier wie ein Tier
nicht einmal eine Decke
deckt mich zu
wo bist du?

Alle Stufen von unten nach oben
scheinen verschoben
ich hab sie 100 Mal gezählt
und die Spinne
die unschuldige Fliegen quält
draußen vorm
dreckigen Gespensterfenster
zwischen Rahmen und Regenrinne
sie lockt ihre Opfer ins Netz

Ich hab keinen Akku kein Netz
und auch keine Dose für Strom
oder eine mit einem Wangenrot Butterbrot
Schatz ich bin in Seelennot
warum bist du nicht da

oder bist du da und stellst dich tot?

Warum bist du nicht die Spinne
hinterm dreckigen Fenster
neben der Regenrinne?

Es wäre so in meinem Sinne
in deinem mich bergenden Netz ein gefangenes Opfer
zu sein

Regen rinnt
meinereiner sinnt
Zeit verrinnt
die Spinne spinnt
ich krabble bereits auf allen Vieren
glaub' ich werd' demnächst erfrieren
du
ich klingle gleich deine Klingel leer
komm endlich her
die Treppenbeleuchtung
hat mich in ihrem Minutentakt
gepackt

Auf den Schalter dresche
ich mit meinem
Stiefelabsatz ein
hoffnungslos Rabatz muss sein
ich bin so allein
wo bist du Schatz?

Ich hab Hunger und Durst nach dir
da
ich hör es
du spielst Klavier
verdammt nochmal
du bist eben doch hier

Beethoven Haydn und Rachmaninoff
ich hoff
wenn ich weiter klingle
deine Klingel leer
wenn ich dich tierisch stör
dann kommst du zur Wohnungstür her

weil
ich kann nicht mehr
es tut mir leid ich war in letzter Zeit
ein Vollidiot und ein Arsch
blas mir nur den Marsch
klimper mir die tiefsten und die schrillsten Töne
aber bitte verwöhne mich wieder mit deinem Anblick
und schick mich um Gottes Willen nicht fort

Da plötzlich
ich hab nicht mehr dran geglaubt
meine Klingelei hat dir wohl den letzten Nerv geraubt
die Tür
du reißt sie energisch auf
sekundenlang starr ich in den Lauf
deines zum Schimpfen geöffneten Munds

Du bist so ein Depp … ein Vollpfosten
was machst du hier?
Ich üb' grad Klavier!

Schatz ich will zu dir
ich warte hier

frier schon drei und eine halbe Stund
ich seh du starrst auf meinen Mund
meine Augen saugen sich an deinen fest
komm gib mir den Rest
die Treppenbeleuchtung
bevor sie erlischt
haben deine Lippen über meine gewischt
hast du mir aufgetischt
wonach mich hungert und dürstet

SO

meine Schreibe
ist beileibe
ein Pferd im Galopp
manchmal rennt
mit mir
das viele Wort
einfach so fort
wie ein Pferd
im Galopp
bleibt es schnaubend stehen dann vor seinem Stall
im Hufeisenschall
klingt noch sein Widerhall
und schnaubt
durch geblähte Nüstern
ein tieflüstern Knistern
bisweilen ein atemloses Flüstern
an seinen Flanken
schäumt weiß der Schweiß
ich weiß
das viele Wort
hält plötzlich am Ort
wie's einem Pferd frommt
wenn's ankommt
auf seinem Gehöft
in seinem Hort
und dieser seligen Bleibe
beileibe
ist meine Schreibe ... so

PRINZENROLLE

im Schrank
vermutlich
im letzten Loch
weiß ich mir noch
eine Prinzenrolle
doch doch
eine volle
Schokocreme tolle
Doppelkeksrolle

mit ihr krieg ich mich
heut noch in die Wolle
ich sagte ihre letztens haarklein
sie solle gefälligst
nicht so widerspenstig sein

allein ein Plastikfaden
ist durchgezogen
scheint rundum gebogen
was hat ihn bewogen
mir nicht gewogen zu sein
so ein
Scheißsystem
total unbequem
ist es dann total
umständlich
endlich
offen

das Paket
oben der Foliendeckel hochsteht
und der Bändel hängt
ein Keks den andern bedrängt
und weißes Wellpapier
gibt es mir
schwer ist es runterzureißen
Keksränder kreisen
so fest am Innenrand
ich zerfetze gierig
unelegant die Rolle
und krieg die Prinzen
doch Ei der Daus
nur in 2 Hälften
gebrochen heraus

GELDWÄSCHE

gestern ein Zwanni
in meiner schwarzen Jeans
what does it mean(s)?

vergessen
von Hosentasche gefressen
ganz reingestopft ins hint're Eck

glaub es kaum
um 3 heut Nacht
erwacht aus einem Traum

in den nächtlichen Gedankensaum
schiebt sich schlau
eine Geldnote in Blau

ich trau
meiner Erinnerung nicht
ich armer vergesslicher Wicht

nach langer Tagessschicht
Hose gewaschen bei 40 Grad
schad

und dann heut morgen
drängen mich meine Sorgen
zur Waschmaschinentrommel
aus einem Wäscheknuddelbommel

zieh ich die Jeans hervor
halt sie mir feucht ans Ohr
ob der Zwanziger noch schnauft

mit den Fingern reingerauft
und hervorgezaubert
ein nasses Etwas
 ich lass es trocknen an meinem Ständer

werd in Zukunft ein Portemonnaieverwender
dem Starkpapierspender
für unsre Banknoten
will ich mit meinen Fingerpfoten
und diesen getippten Zeilen danken

vielleicht ist ja der Euro
gar nicht so verkehrt
und eben doch ein bißchen was wert

ZUGESTÄNDNISSE AN EINEN
WÄSCHESTÄNDER

mein Wäscheständer
verlor einen Draht aus seinem
Geländer
später dann einen zweiten
seine Beisetzung im Keller

begann ich mental
vorzubereiten
wieso dachte ich
vermochte
er mit fehlenden Saiten
die Buntwäsche zu bestreiten
und gar die gekochte?
der vieljahrs bejochte
Wäscheständer?
doch so in Gedanken
an geldenge Zeiten
kam ich ins Wanken
eine oder gleich zwei
Wäscheleinen zu ranken
von a nach b

das tät dem Ständer
wohl nicht weh
aber meinem Auge schon
die Leine war sowas von
orange

außen Plastik
innen Drahtelastik
hastig packte ich sie wieder weg
alles hatte keinen Zweck
doch dann
war Kochwäsche dran
und ich fing an
und hängte quer
Schlüpfer und Tücher fürs Geschirr
im Zickzack wirr
zwischen die Lücken
was soll ich euch sagen
mit innerem Beglücken
stellte ich fest
diesen Wäscheständerrest
ich kann ihn
mehr als vorher
bestücken

FLIEGENPILZE

sammelt Ilse
keiner will se
rot-weiße Truppen
giftige Suppen
leuchten bunt
staken rund
wie im Märchenbuch
ich such
nach buckligen Zwergen
und farngrünen Feen
hinter Hügelbergen
und an Bächlein stehn
Pilze
keiner will se

NERVEN

ich sitz im Bus
und hab Nerven
neben mir
hockt ein Ungetier
es hält in seinen Pranken
eine Tüte aus Knitterpapier
drin tummeln sich
Pommes Frites
das Verbotsschild
im Bus ist ein Witz
ich sitz
da drin und hab Nerven
es stinkt nach ranzigem Fett
ich wünsch mir ein Brett
zwischen mir
und dem Ungetier
das gefräßig fingert
meine Geduld schlingert
ich sitz im Bus
und hab Nerven
die Tüte knistert
der Gaumen wispert
mehr mehr mehr
rück die Fritten raus
komm gib schon her
ich werd leicht nervös
das Rascheln
macht mich kirre

intervenös werd ich irre
sitz im Bus
und hab sowas von Nerven
halte mich mit Gewalt im Zaum
fang an
ein Lied zu summen
fang an
vor mich hinzubrummen
brauch Oropax
's fehlt noch
dass ein Klacks Ketchup
schlapp auf meine Jacke tropft
und das Ungetier
es stopft ...
ich sitz im Bus
und hab Nerven

AUF IMMEREWIG

mondwärts
driften uns're Blicke
ferne finden
Herzstücke
zueinander
in jeder milchigen Mulde
in jenem kratzigen Krater
in satten matten Schatten
an all den hellen Stellen
treffen wir uns wieder
du und ich
wie ich dich spüre
im milden Mond
also auch auf Erden
werden
Planeten uns verbinden
Sterntalergewimmel
und die reichen
weichen Himmel
auf immer und ewig

STERNGESCHÖPFE DER NACHT

wiegt ihr euch sacht
vergeht all meine Herzensfracht
in eurer strahlenden Pracht
hellzarte Blitze funkeln
im Dunkeln
wispern mir weise
flüstern mir leise
von Welten
die gelten
ewiglich
und ich schick meine rechte Herzenskammer
in einer Handvoll Lichtjahrjammer
auf weite Reisen
zu all dem fernweisen Gestirn
ich frag mich was zermartert sich noch mein kleines
Gehirn
ob all der Weite
des Alls

WENN DER WIND

mir bläst ums Haus
schau ich durch tropfnasse Scheiben hinaus
drück meinen Bauch
und auch meine Schenkel
gegen warme Heizungsrippen

wippen meine Hauspantoffeln freudig
stippen meine Finger
frischen Hefezopf
in Riesenhäfen mit Milchkaffee

wenn der Wind pfeift ums Haus
schau ich zum schräg
peitschenden Regen hinaus
seh die letzten Blätter flieh'n
seh die dunklen Vögel zieh'n

ihre weiten Bahnen
ob sie's wohl ahnen
wie geborgen warm
ich mich fühle
in meinen vier Kuschelwänden
mit wohlig Händen
die heiße Tassen fassen
die in Romanen kramen
in Gedichtbänden schmökern

mit Zungen die mit
Grünpflanzen
Nippes und Mitbringseln reden

mit Lungen die bittbeten
um heimelig' Kakaoduft mit Zimt
ach alles stimmt
wenn die Zimmerluft
beim ersten Heizen
knisternd Staubpartikel verbrennt

wenn mein Herz rennt
kopfüber in den Herbst
den baldigen Winter

ein Kind bin ich geblieben
Funkenstieben in mir drin
alles stimmt
alles macht Sinn

WENN AUF BODENNÄHE

den Herbst ich sähe
dann schlenderte ich
durch raschelndes Laub
des Herbstes Wind säe
mir Buntblätter ins Herz
pfiffe durch meine Seele
und ich bückte mich

der Wald beglückte mich
von ganz unten her
ich stähle ihm immer mehr
seine Kastanien Eicheln und Zapfen
durch knarrend Unterholz
würde ich stapfen

meinen sonnwarmen Rücken bücken
bis runter zum Erdengrund
Humus atmend gesund
genüßlich süßlich Pilzgeruch

ich stellte ein Gesuch an den nahenden Winter
er solle mir all diese zarten Blätterkinder
noch ein klein' Weilchen lassen
nur ein kleines Weilchen noch
wollt ich auf moosig taunassen Bänken sitzen
um mir den Goldherbst zu schnitzen
mitten ins Herz

LIEBES LEBEN

wenn ich die Liebe beschreiben möchte
weiß ich nicht wo ich anfangen
und wo ich enden soll
denn sie hat keinen Anfang
und sie hat kein Ende
war sie doch schon da
bevor ich dich fand
ich wusste wie sie sich anfühlen würde
wenn sie über uns hereinbricht

und das tat sie
ein Ende in ihr gibt es nicht
denn wie bitte soll etwas sterben
das täglich neu geboren wird
und stündlich gedeihend heranwächst
grad wie ein seliges Kind?

nein
in ihrer Mitte sind wir geborgen
du und ich in unserem Wir
im Hier und Jetzt
im Augenblick

von dem man meinen könnte
es hätte nichts vor ihm gegeben
das je so mächtig gewesen wäre
und in dem man ungläubig zweifelt
an irgendeiner wie auch immer gearteten

etwaigen Steigerung
dieses Istzustandes
doch genau die gibt es
und genau das macht sie so unfassbar wundervoll ...
die Liebe

HANDARBEIT

sie sei einfach gestrickt
so dachte er von ihr
vier Rechte zwei Linke
oder anders herum
mit ganz simplem Bündchenbund
nebst dummem Nadelspiel
so klapperrund
dabei strickte sie ihm schon
vorne seinen Zopf
und ab der vierten
saukomplizierten Reih
sowas wie ein Hirschgeweih
wie's alles sei
gleich zweier Kunstknoten
gehörten ihre geschickten Pfoten
grad verboten
sie verwirrte ihn
mit einem Anschlag
von 66 Maschen
zwei davon waren
landläufig randläufig
Bandagen
einen pulsierenden Pullunder
mit V-Ausschnitt
aus dem
und in den
er stierte
mit aufgenähten Taschen

nach deren Inhalt er gierte
glaubte er noch
sie sei einfach gestrickt
glattrechts vertickt
und mit simplem Rippenmuster
dabei wusst' er
bald
nicht mehr ab wann
sie begann
ihn zu umgarnen
aufzunehmen
abzunehmen
an seinen Randmaschen
zu naschen
ihn mit koketten Fingern
abzuketten
oh Mann
sie konnte
ihren Hintern drauf verwetten
in all ihren fetten Wollfadenketten
war er alsbald nicht mehr zu retten
und er dachte noch
es dünkte ihn
sie sei so einfach gestrickt
mit groben Applikationen
fransig aufgestickt
verstrickt hat's ihn
in ihre tolle Wolle
solle mal einer sagen
Handarbeit sei aus der Zeit

PRICKELBRAUSE

wie Prickelbrause bist du
gibst einfach keine Ruh
auf meiner Zunge
flutest beinah meine Lunge
noch viel nasser
als Kitzelwasser bist du
lärmst in mir immerzu
gibst keinerlei Ruh
du mein Waldmeister
du
mein Himbeerrot
in großer Strohhalmnot
kipp ich dich blind
hinter die Bind'
schlürf dich
bis zur süßen Neige
Speiseröhren spielen Geige
ich trink dich auf ex
bin deine Almdudlerhex
du mein erfrischender Radler
wie Bitter Lemon
so sauer süß
ich weiß gewiss
du bist mein Brausebiss
und ich dein quirlig' sprudlig'
Gaumenriss
hau rein
spritzzitronenfein

ich fisch so tief
in deinem Glas
komm und prickel mir halt was

PERLMUTT

in meinem Herzen
schimmert Perlmutt
wie ist mir das Leben
so unendlich gut
auf dass meine Eingeweide
weite ein glasklares Kristall
und all jene Kronleuchter
dann brennen in mir

meine Seele
auf dass ihr nichts fehle
wiegt sich hin schaukelt daher
wie ein goldenes Flies
auf einem wogenden Meer

und ich weiß nicht mehr
wo ich anfange
geschweige denn ende
wenn deine liebkosenden Hände
meine Weite sind
und ein grenzfreies Gelände

HINUNDHER

deine Finger kämmen meine
meine Beine suchen deine

mein Bauch schmiegt sich an deinen Rücken
der Morgen wiegt uns in Entzücken

wir drücken uns noch enger aneinander
du streckst dich länger und seufzt zufrieden

ich schnurre wie eine
Katze kratze mit meiner Tatze
zärtlich deine Rippen
meine Lippen liebkosen dein Ohr
es kommt mir wie Heimat vor

du flüsterst „Guten Morgen"
ich fühl mich so wunderbar geborgen
in deinen Armen wiegst du mich hin und her

EINANDER

es war im Urlaub mit Verlaub
für alles außer sich selbst
waren sie taub

hatten doch nur Augen füreinander
zu schauen des andern Profil

im Urlaub fanden sie zueinander
er wollte
sie wollte so viel
hatten nur Ohren füreinander
zu hören des anderen Stimme
sie lauschten einander einträchtig
es klang so verdächtig
nach Liebe

hatten nur Nasen füreinander
zu schnuppern des anderen Duft
rochen nur aneinander
alles and're war übrige Luft

sie hatten nur Lippen füreinander
zu liebkosen des anderen Mund
schmeckten einander in Küssen
sinnlich voll und rund

sie hatten nur Hände füreinander
zu tasten des anderen Haut

streichelten einander vertraut
seidig lagen sie Haut an Haut
ganz leis und manchmal auch laut

UNENDLICH

mit dir am Fluss entlang
Abendseelengesang
und im Bäumensäumen
träumen wir unser Glück

kein Schritt zurück
ich bin die 1000 Stücke in dir
du baust derweil eine Brücke in mir
drüber zu schweben
um uns're Liebe zu leben

mit dir am Fluss entlang
Nachtgesang und Gurgelwasser
Grasgemurmel neben
Laternenliebeslichterturmel
deine Lunge atmet den Sternhimmel und mich

mein Herz sammelt Funken und findet dich
uns're Sohlen auf dem Asphalt
wie mein Absatzgeklapper lustig hallt
wie dein Schuhwerk küsst kleine Steine
wie ich lachweine vor Seligkeit
in lauen Nächten
ach brächten uns Flussläufe
doch nie nach Haus
wär' es doch nie aus
das Herzenstehlen
das Liebesbefehlen

zwischen Alleebaumpfählen
flösse der Fluss ohne Endeschluss
wände sich der Weg mit Genuss gar

UNENDLICH

EWIGDEIN

was soll ich dir sagen
mein Sohn
du gehst ja schon
in deiner Zeit
mit einem Tapferherz
voller Heiterkeit

und bereit
zu kämpfen
um was es dir geht

wie's geschrieben steht
ich bin die
die dich versteht
die im Herzen und Geist
alle Tage mit dir geht

wohin auch immer der Wind
dich weht
wie verrückt auch die Zeit
sich dir dreht

ich bin die
die bei dir steht
als deine Mutter
bin ich deines Mantels
wärmendes Futter

und deiner Hand
kühlender Fächer
in meinen späten
alten Gemächern noch
denk ich doch
an dich

denn ich liebe dich
du Fleisch von meinem Fleisch
das in mir heranreifte

als dann deine Seele
die meine streifte
mit ihrem Herzschlag
noch klein
mit sachter Bewegung
noch fein
deine Mutter bin ich und auf ewig dein

TAUSENDBLAU

wenn ich in deine Augen schau
sehe ich dein Tausendblau
mir blitzen
sehe ich die Strahlen um deine Pupille
ist's mein sehnlicher Wunsch
Begehr und Wille

einzutauchen
in dein schwarzes Rund
und in den Fächerbund
deiner Iris Blau

weil ich mich trau
dir näher zu sein
als irgendwer
dein zu sein
viel mehr als irgendwer
komm her

DAS SCHWEIGEN

es spricht eine laute Sprache
lauter als alles Geschrei und Gerede
inbrünstig Gebete
nichts sagen
und doch mannigfach denken

will der Welt
mein lautes Schweigen schenken
wenn ich in mich gehe
in mich sehe
wie ich innen drinnen flehe
darum
dass mich wer versteht
dass wer mit mir geht
durch diese Welt
und durch lautes Schweigen
meine Seelenbögen streifen Geigen
fiedelt mir das Leben schrill
sag ich
ich will
schweigen still
um laut zu fühlen

MANCHMAL

steht meine Zeit still
der Zeiger will
sich ausruhen
verharren
meine Blicke starren
auf Blütenweiß
ein Gedankenkreis
kommt leis
zum stehen
keinerlei Minuten vergehen
Herzen sehen
alles so klar
Augen gehen
nach innen
Nasen riechen
Unendliches
Haut atmet lind
der frühe Wind
weht wie ein zartes Kind
durchs Blütenweiß

WENN DU DANN GEHST ...

dann dreh dich um Gottes Willen nicht um
dann bitte schweig still stumm
all die grausamen Worte
hast du da schon gesagt

in der allerletzten Nacht
bevor es tagt
ragt ein Messer aus meiner Kehle
quäle ich mich mit
gurgelnden Bitterklößen
in furchtwilden Stößen
hämmert dann mein blutendes Herz

wenn du gehst
wenn du dastehst
mitten im Raum
im Rahmen der unerbittlichen Tür
bitt ich dich dafür

dass du nicht noch ein letztes Mal
meinen Blick suchst
damit du dich selbst
nicht eines Tages verfluchst
beim Andenken
an meine gebrochenen Augen
denn das werden sie sein
nein
für was sollen sie auch taugen

wenn sie nicht mehr erblicken
die deinen
ich steh da
mit bleiernen Beinen
meine Ohren weinen
meine Augen sind taub

auf meiner trockenen Zunge
zerpulvert der Staub
aller überflüssig gewordenen Worte

wenn du dann gehst
dann geh auf der Stell'
schnell durch die Tür
lass sie gleiten in ihr dumpfes Schloss

hinterm Riegel
starr ich auf Holzmaserungen
wie auf einen letzten Brief mit Siegel
auf Türen und Rahmen
auf einen Abschied
ohne jedes Erbarmen

EINERLEI

als sie aufwachte und erkannte
als sie alles selbst beim Namen nannte
als sie sich Dinge eingestand
als ihr Herz und ihr Verstand
als sich alles wiederfand
in ihr
als sie dann begriff
wie groß ihr Fehlgriff
gewesen war
da erst wurde ihr klar

wie blind verblendet
sie doch war
und sie erkannte
wie feig er war
dass ihm der Kittel brannte
dass er davonrannte

er hatte keinen Arsch in der Hose
sein stumpfes Herz hing lose
er war wie eine löchrige rostige Dose
alles was er je sagte
klang blechern leer
er war hinter ihr her
und als er sie bekam
hatte er sie kein Gramm verdient
den Dreckrand unter ihren Nägeln
war er nicht wert

das Schwert
das er gestoßen hatte in ihre Brust
das wurde ihr jetzt bewusst
war halb so wild
herauszuziehen
war aus Eis
und kalt gekühlt

was nur hatte sie je für ihn gefühlt
alles war endlich vorbei
und einerlei einerlei

AM SEE

steh ich am See
denk o weh
seh ich das Wasser
schimmert blasser

ohne dich
steh ich am See
geh in mich hinein
allein am See

wie ich da steh
und seh
unter seine Oberfläche

denk ich
ich breche
in Tränen aus
spreche ich aus
deinen Namen leis

weiß
du bist mir nicht mehr
wird der See in mir zum Meer
tosend und laut
traut sich mein Aug' endlich zu weinen

DU BIST DER ERSTE TROPFEN

der mein Fass zum Überlaufen brachte
ich dachte nie
jemand könne je all die Löcher stopfen
die lechzten in mir
nach jemandem wie dir

all das ungelachte Lachen
all die ungemachten Sachen
all die nicht gelebten Dinge
wie ein Baum war ich
ein strammer Stamm
ohne Jahresringe

du bist der erste Tropfen
der mein Fass zum Überlaufen bringt
der mich singt nach meiner
eigenen verborgenen Melodie
nie hätte ich geglaubt
jemand fände exakt
meinen inneren Takt
danke
dass du es bist
der mein Fass zum Überlaufen bringt
der mich ganz verschlingt
mich austrinkt
bis zum letzten Tropfen
und hernach wieder
flutet

NACHEINANDER

es trägt uns die Liebe
durch die Zeit
zu zweit
durchströmen wir Stunden
ineinander verschlungen
gebunden
treiben durch uns're Tage
in deinem Blick steht
schon die Antwort
auf jede etwaige Frage
die zu stellen sich erübrigt
mein Herz blickt in deines
in Sekunden findet es Großes
erkundet Kleines
alles was darin geschrieben steht
was durch seine blutroten Fasern webt
wir klopfen in Tagtropfen
herzschlagtüchtig
liebessüchtig
nacheinander

FREI

Klugscheißer
immer alles Besserweißer
Erbsenzähler
Korinthenkacker
Meckermotzracker
ihr kotzt mich so an
selbstverliebt narzisstisch
schaut ihr in den Spiegel
an der Wand
wer ist der Bornierteste
wohl im ganzen Land?
und ihr kackt eure
eckigen speckigen Korinthen
in jeden Spaß
macht euch nass
wegen Lappalien
droht mit Repressalien
findet verhutzelte Erbsen
in den allerletzten Sackecken
und überall seht ihr Flecken
wo es gar keine gibt
habt Haare auf den Zähnen
will wähnen
auch in euren umgekippten Suppen
Marionettenpuppen seid ihr
für alles dafür
was die breite Masse sagt
wenn euer Ausschuss schon wieder mal tagt

scheißt mein Freigeist
dreist auf euer Gebaren
will meine eig'ne Denke
mir bewahren
frei

REIHER GEREIHER
GEIER RUMGEEIER

der Magen gleicht einem Seiher
die alte Leier…
Reiherreiher

es gibt …
gebratene Maultaschen
mit raschen russischen Eiern

auf glimmigen Grillaschen leiern
all die laschen Auberginen
nebst verkokelten Zucchinen

ungeschälte heiß gequälte Kartoffeln
in Aluwickeln
ein erstes leises Magenzwickeln
Heißhunger still'n
Erdbeer
Schoko
Vanillin
Fürst Pückel
hundert Stückel im Bauch
alles ein einerlei Lauch

dazwischen zischen Sprudelflaschen
Apfelstrudel naschen
hastig haschen
es zwickt

wie verrückt
es drückt
es zwackelt

Hängebauchdackel
jetzt dackelt alles umeinander
frisch geräucherter Zander
es wackelt die Wickelwampe
wie eine fette Futterschlampe

ODER SO …

morgens im Bus nach Karlsruhe
wie in einer fahrenden Reisetruhe
der eine döst kauernd
wacklig erschauernd
auf dem Mittelgelenk vom Bus
einfach Augen zu und Schluss

vis à vis
eine blonde Sie
entblößt ihre Lernunterlagen

der Nächste scheint seit Tagen
sich mit dem Gedanken zu tragen
montags nicht mehr zur Arbeit
zu fahren

Leute
jung und alt an Jahren garen
anscheinend ohne Sinn
im Sitzen grummelnd
vor sich hin

zwischen Polsterritzen
flitzen Brötchenkrümel
sie trinken dazu
Coffee to go
oder so

manche schnitzen
ihre Fingernägel
mit dem Gebiss
gewiss gewiss

die Handys sind gezückt
Tilda tippt wie verrückt
Horst spielt Candy Crush
auf Level Tausend und 8

Boris küsst sacht
seine Jessica auf die Wange
Bernd lehnt sehnsüchtig
an der Stange
hält in der Hand seine Tasch'

der Chauffeur lenkt lasch
in die nächste Kurve
ich surfe im Net
Martina denkt wohl
sie sei noch im Bett
mein mobiles debiles
Datenvolumen ist gleich wieder aufgebraucht
der Sitznachbar müffelt verbraucht
er schnüffelt und raucht in Gedanken
Marlboro
oder so ...

QUIETSCH(T)RAUM

am Wannenrand entspannt mein Blick
das Genick ruht geschickt am andern Ende
wie meine Hände
wie meine Finger
durchwandern den zarten Schaum
Vanille-Rosenduft-Traum

meine Zehen wackeln,
sie dackeln
wie Wackeldackel

ich studiere ganz nebenbei
das Muster meiner Kacheln
dunkle Schimmelstellen lachen
mir aus deren Fugen entgegen

ich pfeif drauf und summ verwegen
ein Rutschtmirdenbuckelrunterlied
und lese ein paar Seiten in meinem
vom Dampfe schon wellig
gequollenen Buch

zwischendrin such
ich Lazy Daisy meine Quietscheente

an meinen Händen die Haut
sie schrumpelt schon
egal ich bin ein Wal

ich stimme an den ersten Ton
von "My Bonny is over the ocean"

dann glaub ich
ich reib mir noch etwas
Lotion ins Gesicht
vielleicht auch ins Haar
das Leben ist wunderbar

ÄTSCH ONLINE LIEBE

ein prickelndes Spiel
sie scrollt munter rauf und runter
sieht ein Profil
es verrät ihr nicht viel
Nichtraucher ist schon mal gut
aber ein Bild mit dunklen Ecken
Spiegelsonnenbrille und Hut?
muss der sich verstecken?
weiterchecken

Harry kann Zähne blecken
welche Gedanken verstecken
sich hinter all den Worten
was sind das für Sorten
von Männern

einer zeigt seine Muskelpakete
trinkt Flaschenbier
liebt Fete bis um vier
meint Frau steht auf sixpack
der Geck sitzt auf dem Heck
seines Porsches
ein and'rer hat morsches Haar
stopp
da war ein Süßer
ein Lieblächelgrüßer
Mist
viel zu jung

der andr'e sieht
aus wie Kotzrotz und Dung
und Mr. Checker vom Neckar
sucht Abenteuer
heuer
ist er verheiratet
und hat zwei Kinder

ein Inder ist auch dabei
einer will gleich
zwei oder drei Frauen
Polygamie
war noch nie was für sie
weiterschauen

einer mit grauen Schläfen
und Denkerstirn
scheint etwas Grips und Hirn
zu haben

Detlef meint er sei Chef
Oberkörper frei und durchtätowiert
zeigt er ungeniert
was ihn alles ziert

bis ihr der Kopf schwirrt
da verwirrt plötzlich
ein post ihren Sinn
ihr Nachbar ist drin
in der Singlebörse

nanu
was sagt man dazu
der heiße Mann von nebenan
der sogar Kehrwoche kann
der ihr Kaffee ausleiht
der breit lächelnd grüßt
dessen Kochkunst
das Treppenhaus versüßt
weshalb hat sie nicht gewüsst
dass der noch Single ist?
sie tippt drauf ein YO
und hat gleich ein MATCH
... ÄTSCH

BÜGELHÜGEL

wenn mich mal
die unentrinnbare
dumpfklare Langeweile packt

bügle ich knittrig gezackt
Geschenkpapier
aber davor krieg ich vielleicht

nein
ganz sicher geeicht
ein Magengeschwür

ich wär dafür
man werfe alle Bügeleisen
in schwingenden Kreisen
auf die Mülldeponie

ich sah noch nie
einen triftigen Grund
für Bügelfalten
für Rüschenblusengestalten

in alten Schlodderklamotten
zerfressen von Motten
leben Stromsparschotten
doch auch irgendwie

niemals nie
will ich bügeln
mich wiegeln
unter all den Wäschehügeln
hindurch

ich bin der Antibügellurch
trag einerlei
trag bügelfrei
Mischfaserbrei
und Jogginghosen
über bloßen Shirts

sagt mir
wen stört's?

WETTERLEUCHTEN – SOMMERSÜßE

wenn mir die Brühe läuft
wenn mein Gaumen alles säuft
wenn der Planet mir brutzelt das Hirn
wenn jeder Faden
jeder einzelne Zwirn
auf meiner Haut mir scheint zu viel
dann ist er da
der Sommer

er spielt sein hitzig
blitzig Spiel
wenn Lichtschutzfaktor 50 ist vonnöten
wenn meine allerletzten Kröten
ich investiere in Eis
wenn der Zappelpeter
und ein jeder
es weiß
dann ist's echt saumäßig heiß

und salzwürziger Schweiß
strömt an mir herab in Bächen
Sonnenstrahlen stechen
meine Augen
Seifenlaugen duschen
meinen heißen Körper
nasskalt' Wasser
und ich stöber'
nach Erfrischungstüchern

in ach so klugen Sommerbüchern
stehen Rezepte
zu erfrischenden Bowlen
ich habe mir 2 Kilo Eiswürfel gestohlen
und in allen Brunnen
drunnen
zappeln
meine nackten Füße
ich fühl mich so windlind
wie ein Gewitterkind
wie eine ...
Sommersüße

BISTRO UND SO

in einer Ecke vom Bistro
lümmelte er so
schielte
nach ihr
teils
verstohlen
wenn sie nicht rübersah
musterte er sie
irgendwie
unverhohlen

von ihrem Blondscheitel
bis zu den Schmalsohlen
ihrer Stöckelschuhe
kein Bröckel Ruhe
gab's mehr für ihn
ihre Taille machte Sinn
und die Bluse war so blau
im Bauch wurd's ihm flau

er wusste genau
ein falsches Wort
und es gäbe den Supergau
sie war blondschlau
trug rote Lippen
zur Schau
er hatte sich verschossen
wie Sau

in genau diese Frau

ihre Jeans trug sie
millimetereng
der Gürtel saß streng
sein Hirn machte peng
bei jedem Augenaufschlag von ihr

was konnte er schon dafür
bekam er Schweißausbrüche
ihre verbotenen Wohlgerüche
und erst die Figur
alles in Nähe
unverdünnt
und pur
was nur
machte er hier
in der Ecke vom Bistro und so …

SATT

Glitzerwasser küsst das Blatt
bis es satt
bis es satt
wieder Leben hat
nach Tagen der Dürre
auf dass es spüre
nach tropischen Nächten
wie's der Himmel wollt' knechten
auf dass es spüre
wie sich die Wolkentüre
ihm öffnet
auf dass es spüre
wie der Himmel ihm rühre
seinen Wundertrank
durstkrank
wie es war
erquickt sich's nun wunderbar
am heiligen Wasser
frisch geduscht
ein Perltropfen huscht
übers Grün
übers Rot
vorbei alle Not

TIEFE

alles ging so tief
was in ihr schlummerte und schlief
weckte er mit einem
Wort
mit einem einzigen Wort
trug er sie fort
in magische Sphären
alles losgelassen
lief wie Wasser so tief
in unaufhaltsamen Strudeln
begannen
sie zu trudeln
bis zum Übersprudeln
leckten ihre Wasser
das jeweilige Ufer
er war ihr Seelenrufer
und sie seine Antwort
sie war sein flügeloffenes Tor
das Wahrheitswort
war sie
in seinem Ohr
ihre Frischwasser
sie mündeten
ins tiefe Meer
jeder Tropfen
blieb darin enthalten
gleich kleinen Traumgestalten
auf ewiglich

sie war sein zweites Ich
und er das ihre gar
alles war Magie
und doch so wahr

WENN ICH IN DEN HIMMEL SCHAU

Wolkengebilde
ziehen milde
wandern wilde
liebe Liebgebilde
wie zerrupfte Watte
blausatte Himmel
Wolkengewimmel
gleich Puder

verwandelt
im steten Windruder
wabern auf und nieder
immer wieder
sind's andre Konturen
wunderweiche Traumfiguren

wie bergiger Schaum
wie fluffiger Federflaum
wie hehrer Heiligtraum

meine Augen
saugen sich an ihnen fest
halten jeden Zipfelrest

träumen weiter
weiß auf blau
wenn ich in den Himmel schau
wird mein Bauch mir flau

und ich schwebe
webe Wunderträume
weiß auf blau
wenn ich bloß in den Himmel schau

REGEN REGNET

der Herbststurm
treibt die Blätter um
kein Baum steht jetzt mehr
still noch stumm
es neigt und biegt
sich alles krumm

der Herbststurm
pfeift ums Haus herum
er sammelt Laub
und walkt es um

am Dachfirst
quietscht der Wetterhahn
es fürchtet sich der kleine Jan
die Ziegel klammern sich ans Dach
grüne Fensterläden klappern Krach

über dem roten Kamin
schieben sich schwarze Wolken dahin
und die ersten Schwalben
sie flieh'n
in meinem Herzen
herrscht ein Zieh'n
der Regen
regnet so dahin

EDEN

Süßduft rund und betörend
Liebesbund beschwörend
wie ein verheißender Sommerkommer
du mir blühst
tauch ich ein
in deine samtenen Blätter
mein herrlich Atemretter
du meine Rotkraft nur
purpurner Lebenssaft
und die Liebe sie schafft
raschelt durch deine grünen Blätter
mit Dichterdornen
schreibst du spitz
aufstachelnd Liebeslettern
jedes Wort
das du mir willst reden
am seligen Ort
flüsternd wispernd
trägt mich fort
zu unserem Garten Eden

HÄTT MICH DER WINTER

nicht gepackt,
mit Eiszapfen, gläsern gezackt,
läg ich jetzt im grünen Gras,
und summte mir was!
Brummte ohn' Unterlass
vor meiner neugierig' Nas'
eine Biene.
Schiene mir das Leben
nicht so vergoren,
steif gelacht,
eingemacht,
eingefroren,
in schneelastig Himmel.
Schielte zumindest schon mal eine Primel
zu mir herüber!
Überkäme mich ein Frühlingsglaube.
Weißwinter,
raube mir nicht den Glauben
an baldiges Erwachen.
So mannigfaltig Sachen
gedenk ich zu machen,
wenn in mir drin
erst über Nacht
neuer Lebenssinn erwacht.
Und um mich rum
's wieder laut,
nicht stumm,
's wieder wärmer wird sein.

NOBODY KNOWS

keiner weiß
wie ich mein Herz umschalte
auf dass es nicht zu deinem flieht
keiner weiß wie ich
meine Sehnsucht verwalte
die scheinbar Gleichmutsfahnenstange halte

keiner sieht in mich hinein
alles Tarnung alles Schein
steter Kampf und stummes Schrein
niemand weiß von meinem Schmerz
auf den Lippen jäher Scherz
alles nur Attrappe
Seelennot und Wellenpappe
kräuselt mir den Tag die Nacht
sacht halt ich mein Herz im Zaume
acht geb' ich
dass mir im Traume
nichts kommt über meines Mundes Rund
nichts drängt aus der Tiefe Wund'
eckig' Klammern
gleich einer Zinnsoldatenschar
halten unsichtbar
beide Kammern meines Herzens
all das Jammern meines Schmerzes
engmaschig in Schach

ach keiner weiß wie ich um jeden Preis
an mein Herz halte
auf dass es nicht
gen deines flieht
auf dass es mich nicht zieht
auf dass ja nichts weiter geschieht
als dieses heiße Brennen in mir
als diese Sehnsuchtslust und -gier
in mir ganz allein nur in mir
ganz allein nur nach dir

SEEWEH

ach weißt du
ich hab Seeweh
wenn ich den See so seh'
wie Seewindbeben
seine Wellen heben
wo Seewesen leben
tief unten den
Zaubertang weben
wenn ich bloß
auf ihn hinunterseh
bekomm ich heimlich Heimweh

bin plötzlich
wasserwund verletzlich
hab Wellengang entsetzlich
bis auf meinen tiefsten Grund
und ein wildes Weh zieht hurtig Rund'
nach diesem Himmelssee
wie ich mich nach ihm seh'n
über Wasserschwellen
will ich geh'n
an all seinen Stellen
durch Kräuselwellen
mag ich weh'n
Stromschnellen und
Querquellen besteh'n
eintauchen in all die
guten Glitzerfluten

gründeln bis auf den Grund
wasserseewund
bis runter zum Grund

über mir tanzen jetzt Sonnenschlieren
die's Wasser verzieren
in Lichtschleifen
mein glasklares Auge streifen

wenn ich den See so seh'
bekomm' ich
letztlich entsetzlich
Seeheimweh

MEHRMEER

geht die Sonne unter
überm Meer
schlagen Wellen
zu mir her
lecken spitz
dümpeln dumpf
Schiffes Rumpf
Winde tragen
Abendlieder
mein Herz
kniet nieder
vorm Seelenbrot
bei so viel Himmelsrot
trifft jeden Kummer
nur stiller Schlummer
hat jede Not
nur ein Gebot
Stillschweigen
im seligen Herzreigen
schmeckt so salzig die See
ein jähes Wogenweh
trocknet Tränenwasser
glitzert blasser
auf Wangen
kein Bangen
nur unendliches Glück
ruft's mir vom Horizont
zurück

GENAU SO

ich lege dein Haupt
auf ein Kissen aus Moos
hellgrün weich
und genau so groß
wie wir's brauchen
in mir blüh'n bloß
noch Frühlingslieder
streck deine Glieder nieder
ich bette deinen Leib
bis auf weiteren Verbleib
auf eine Decke aus Farn
in mir spinnt sich
unser Lebensgarn
zu einem Ganzen
genau so
wie wir's brauchen
dann streu ich dir
und mir
zur Zier
ein ganzes Meer
von Märzenbechern
Baumblätter
fächern uns unter
Schattendächern
die laue Luft
und alles ist genau so
wie wir's brauchen

IMMERDU

wenn ich dir ein Lied texten könnte
so mit Noten und all dem dazu
dann wär das ein Immerdu
nimmerzu fänd ich Ruh
immerzu
nur
du
Worte
die keiner je kannte
Liebkosungen
die ich dir nannte
der Wahnsinn
der in mir brannte
Stoßgebete die ich sandte
gen Himmel weit
ein wenig Zeit
stünd' mir noch bereit
wenn ich dir ein Lied texten könnte
so mit Noten
und all dem dazu
wär' das ein Immerdu
nimmerzu fänd ich Ruh
immerzu
nur
du

NESSEBAR

als ich mit dir
so wunderbar
in Nessebar war

da war
der Himmel
bewölkt und doch klar

da war
das Meer tosend wahr
als ich mit dir in Nessebar weilte
als ein Wolkenmeer am Himmel eilte
als ich meinen Herzschlag teilte
mit deinem
mit dir
du mit meinem
mit mir

als wir
in Nessebar waren
der Küstenwind
er spielte mit deinen Haaren
Möwen zogen kreischend in wilden Scharen
ein einziges Lied sie uns waren

dort in Nessebar
als ich
mit dir da war
da war
alles so wunderbar

ZAUBERHAFT

du bist
so schrecklich zauberhaft
dein Zauber hat's geschafft
deine Zauberkraft
sie nimmt mich in Haft
du bist so
bezaubernd
Herz wegraube(r)nd
entzückend
beglückend
und unglaublich
tauglich
für Schmetterlingsfarmen
in meinem Bauch
in deinem Arm
brauch
ich nichts weiter
auf einer Skalenleiter
von 1 bis 10
will ich mit dir
auf der 12 oben steh'n
bestechend charmant
sexy elegant
all das bist du
und intelligent
schlagfertig dazu
brennt dir die Antwort
auf der Zunge

noch bevor meine Lunge
Atem schöpft um sie zu sagen
knöpft deine Antwort
mir schon das erste Wort meiner Fragen
an deinen Hals
an meinen Kragen
ich mag dir sagen
ich liebe dich

ALS ER DURCH IHRE BLAUEN AUGEN …

sah
bis auf der Seele Grund
wurde er gewahr
sie war
verletzlich gar
und wund

als er auf ihre Lippen sah
auf ihren vollen Mund
wurde er gewahr
sie war
ihm so gesund
als er auf ihren Körper sah
weiblich und rund
wurde er gewahr
er liebte sie
für immerdar
und mehr
von Stund zu Stund

BLUTSTROPFEN

wie Tau
benetzt du meine Blüten
glitzerfein behüten
deine lieben Tropfen
meine wilde Stirn
mein Herz kann sich nicht irr'n
Sinne flirr'n mir umher
ich weiß nicht mehr
wo ich anfang
wo du endest
sendest Eilbriefe
durch Fingerkuppen
meine Blutstropfen
sind wie Spielmanns Puppen
trippeln hin und her
ich weiß nicht mehr
ich weiß nichts mehr

WIE MEINE LIEBE

grad jetzt
wo ich hier sitze
und der Donner
grollt mir von fern
grad jetzt
wäre ich so gern
bei dir

das Gitter
des Bushaltestellensitzes
ist blau
und ich denk
ganz genau
an deine Augen
ein Gewitter zieht auf
nach Tagen
an denen Sonnlichter lagen
dicht an dicht
wie eine brütend
gestapelte Schicht
bald nun
wird der Himmel weinen
und Wolken vereinen
sich zum Grau
ich schau sie an
und seh genau
deiner Augen tiefes Grau
deiner Iris funkelndes Blau

wie der Himmel erfrischt
nun die lechzende Erde
zieht eine Sehnsuchtsherde
durch mein Herz zu dir

was gäb' ich drum und dafür
du ständest jetzt hier
in der sich öffnenden Omnibustür
gleich diesem frischen Wind
weht meine Seele

bin ein gläubiges Kind
bind meine Hoffnung
ans Ende der Woche
wind meine Arme
um dieses inn're Gepoche

ich bleib hier
sehnsuchtsgeschwängert
der Donner
er verlängert
sein Grollen
Blitze wollen Wolken durchbeißen
Winde wirbelkreisen
wie meine Liebe ...
um dich

UM LINDEN

winden
sich Bänke
ich schenke
dir meinen Blick
mein Kopf ruht
mit seinem Genick
in deinem Schoß

über uns
ein Brausen
ein Summen
bloß

von Bienen tausendfach
und ach
die Lindenblüten
wie sie uns behüten
wippend
in lauer Luft

dann dein tiefer Blick
deine streichelnde Hand
und erst dein Duft

auf Rundherumbänken
dreht sich
unser endloses Schenken
und alles Denken

weicht gänzlich dem Fühlen

wenn Baumschatten
uns kühlen
wenn deine Finger
zärtlich wühlen
in meinem Haar
ist mir die Welt
so ganz und gar

ALLESALL

manchmal bin ich ein Teil
von allem
manchmal ist alles
ein Teil von mir
ich spür in mir
ein jedes Atom
im Strom meines Blutes
fließt so schrecklich viel Gutes
und alle meine Moleküle
sind voller Wundergefühle
in meinem Kern
leuchtet der magische Stern
und sein Licht glüht
wie ein Gedicht
nichts und alles hat plötzlich Gewicht
manchmal bin ich ein Teil
von allem
manchmal ist alles
ein Teil von mir

Weitere Werke

Tauchen Sie ein in die tiefblaue Welt von
Christine Geiger.
Sie schreibt über schranklose Tassen, gehirnalberne
Verliebte, anhängliches Hüftgold, kopfüber hängende
grüne Wäscheklammern, nur um im nächsten Moment
den ganzen Weltschmerz auf ihren breiten Schultern zu
tragen:
Ernsthaft-lyrisch-poetisch-verrückt hat sie, wie sie sich
und anderen ungeniert eingesteht, wohl selbst nicht alle
Tassen im Schrank.

Klimperklar
Als Taschenbuch und E-Book erhältlich

ISBN 978-3-74503479-0

Letterlametta, die Schwester von Klimperklar ist da!
Reimgeschichten versetzt mit Gedichten der anderen
Art.
Krass, verrückt, apart, liebesleidenschaftlich, tragisch
und zart.
Muten an wie Liedertexte, wie Poetry.
Sie folgen halt nie einem Schema, es gibt kein Thema,
das nicht zur Sprache käme, in lautleisen Lettern,
wettern brettern ...
Wortfäden.

Letterlametta
Als Taschenbuch und E-Book erhältlich

ISBN 978-3-74505157-5